AF495274

LE TRESOR
DE L'ABBAYE ROYALE
DE S. DENYS EN FRANCE,

Qui comprend les Corps Saints & autres Reliques précieuses qui se voyent tant dans l'Eglise, que dans la Salle du Trésor.

A PARIS,
De l'Imprimerie de J. MICHEL GARNIER, rue Galande.

M. DCC. XXI.

Avec Approbation & Permission.

Lk9 1569

DESCRIPTION DU CHEVET.

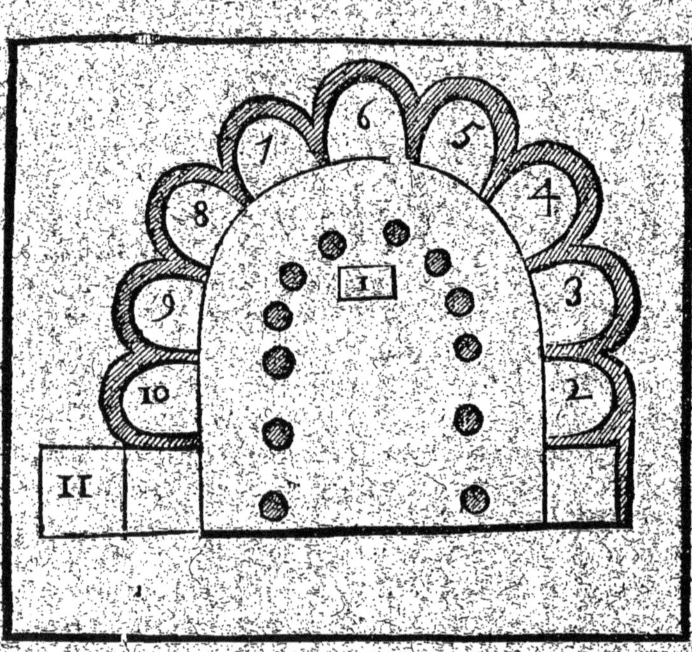

1. Autel de S. Denys.
2. S. Romain.
3. S. Hilare.
4. S. Eugene.
5. S. Cucufas.
6. Nôtre-Dame.
7. S. Pelerin.
8. S. Maurice.
9. Ste. Osmane.
10. S. Firmin.
11. S. Eustache.

LE TRÉSOR DE L'ABBAYE ROYALE DE S. DENYS EN FRANCE,

Qui comprend les Corps Saints & autres Reliques précieuses qui se voyent tant dans l'Eglise, que dans la Salle du Trésor.

CHAPITRE I.

Des Corps Saints qui sont dans le Chevet de l'Eglise.

LE Chevet qui est la partie superieure de l'Eglise, est composé d'onze Chapelles, qui renferment chacune quelques Corps Saints.

1. LEs Corps de saint Denys, Apôtre de la France, Evêque, Martyr & Patron de la Ville & de l'Abbaye ; de S. Rustique Archiprêtre, & de S. Eleuther Archidia-

cre, sont enfermez dans l'Autel de Saint Denys.

2. S. Romain, Prêtre, Religieux & Disciple de saint Martin, repose dans la Chapelle qui porte son nom. Il fut apporté du tems du Roy Dagobert.

3. Saint Hilare Evêque de Mande, est dans la Chapelle de son nom, où l'on voit une très belle Cuve de Porphyre que Dagobert fit apporter en même tems que le Corps de saint Hilare. Elle a cinq pieds trois pouces de longueur, sur deux pieds & deux pouces de largeur, & un pied quatre pouces de profondeur.

4. Sainte Panefrede, sainte Seconde & sainte Semibarie, Vierges, Martyres & Compagnes de sainte Ursule, sont dans la Chapelle de S. Eugene, Disciple de S. Denys, & Archevêque de Tolede, dont le Corps entier reposoit anciennement dans S. Denys. Ceux de ces Saintes ont été apportez du tems de Louis VII dit le Jeune. Dans cette Chapelle le pavé est à remarquer pour la grandeur.

5. S. Cucufas, Martyr de Barcelone, fut apporté de Rome en 765. Il est dans la Chapelle de son nom.

6. S Hilaire Evêque de Poitiers, & S. Patrocle Martyr & Evêque de Grenoble, ont été apportez du tems de Dagobert. Ils reposent dans la Chapelle de la Sainte Vierge.

7. S. Pelerin Martyr, premier Evêque d'Auxerre, est dans la Chapelle qui porte son nom.

8. Un des saints Innocens, & un des Martyrs

de la legion Thebaine, qui fut apporté par S. Louis, sont dans la Chapelle de S. Maurice.

9. Sainte Osmane Vierge, du Sang Royal d'Hybernie, est dans la Chapelle de son nom.

10. S. Firmin Martyr, premier Evêque d'Amiens, fut apporté du tems de Dagobert. Il repose dans la Chapelle qui porte son nom.

11. S. Eustache Martyr, est dans la Chapelle de son nom, où l'on voit le superbe Mausolée de Henry de la Tour d'Auvergne, Vicomte de Turenne, qui mourut en 1675. & que le Roy fit apporter à S. Denys par reconnoissance de ses services.

Outre les Corps de ces Saints, celui de saint Hyppolite Martyr, est dans une Chapelle qui porte son nom, vers la nef de l'Eglise. Le Pape Leon III. le donna à Charlemagne qui en fit present à l'Abbaye de S. Denys.

Celui de saint Louis Roy de France, se voit au Trésor avec celui de S. Denys de Corinthe.

CHAPITRE II.

Des Saintes Reliques & des Reliquaires précieux qui sont au Trésor distribués dans huit Armoires.

Premiere Armoire.

UNe grande Croix d'or massif, toute couverte de Rubis, Saphirs, Emeraudes & de Perles Orientales, qui renferme un morceau du bois de la vraye Croix, de la longueur d'un pied, envoyé l'an 1205. à Philippe-Auguste Roy de France, par Baudoüin Empereur d'Orient.

Un Reliquaire d'or dans lequel il y a un Crucifix fait du bois de la vraye Croix, travaillé des propres mains du Pape Clement III. qui en fit present à Philippe Auguste.

L'Oratoire du même Roy Philippe-Auguste, dont la face anterieure est d'or, couverte de pierreries. On y compte jusqu'à trente-quatre sortes de Reliques ; il y a de la vraye Croix ; une Epine de la Couronne de Nôtre Seigneur ; de l'Eponge avec laquelle on lui presenta du fiel ; de sa Robe, &c.

Une Chasse d'argent doré, dans laquelle se voyent des parcelles des principales Reliques de la Sainte Chapelle de Paris : cette Chasse est aux armes de l'Abbaye.

Un des Cloux avec lesquels Nôtre-Seigneur fut attaché à la Croix ; il fut envoyé à Charlemagne par Constantin VII. Empereur de Constantinople, & depuis donné par Charles le Chauve. Il est enchassé dans un Reliquaire d'argent doré, que les Religieux ont fait faire.

Une grande Image d'argent doré de Nôtre-Dame, tenant à la main droite une Fleur de lys d'or émaillée, sur laquelle on lit ces mots : *Des cheveux de Nôtre-Dame.* Ce Reliquaire a été donné par Jeanne d'Evreux, Reine de France, avec le suivant.

Une autre grande Image d'argent doré de S. Jean l'Evangeliste, tenant d'une main une Dent de ce saint Apôtre.

Une autre Image d'argent doré de la sainte Vierge, qui tient d'une main un petit Reliquaire, dans lequel ſe voit un morceau des Langes dans leſquels elle enveloppa Nôtre-Seigneur dans la Crêche. La Relique a été donnée à Philippe Auguſte par l'Empereur Baudoüin en 1205. & le Reliquaire par Guy de Monceau, Abbé de S. Denys en 1385.

Un Reliquaire d'argent doré de ſaint Hyppolite, dont il y a un Oſſement.

Le bras de S. Simeon qui reçût N. Seigneur au Temple. Son Reliquaire eſt d'or enrichi de pierreries, donné par Charles le Chauve.

L'Os du bras de S. Euſtache Martyr, enchaſſé en argent doré, enrichi de pierreries.

Le fragment d'une des Cruche dans leſquelles Nôtre Seigneur changea l'Eau en Vin aux Nôces de Cana en Galilée.

Un Reliquaire d'or, accompagné de deux Anges d'yvoire ſur un pied d'argent doré, où ſont quelques Oſſemens de S. Placide, Diſciple de ſaint Benoiſt, & de ſa ſœur ſainte Elavie.

Un petit Criſtal garni d'or, dans lequel il y a une Dent de S. Pancrace Martyr.

Les deux Couronnes que Henry IV. Roy de France fit faire pour ſon Sacre, dont l'une eſt d'or, & l'autre d'argent doré, avec

Le Sceptre & la Main de Juſtice d'argent doré qu'il fit apporter de Chartres où il fût Sacré, pour être mis dans le Tréſor, tant en reconnoiſſance de ce que ce fut dans l'Egliſe de Saint Denys qu'il fit Abjuration de l'Hereſie, que parce que c'eſt l'ancienne coûtume d'y garder les ornemens du Sacre.

Deux Mîtres des anciens Abbez Reguliers, dont l'une eſt à fond de Perles, enrichie de pierres précieuſes enchaſſées en or.

La Crosse du Cardinal Charles de Lorraine, Abbé de Saint Denis.

Un Bâton d'argent doré, dont se sert le Chantre.

En la seconde Armoire.

UN Chef d'argent doré de S. Hilaire Evêque de Poitiers, couvert de Perles Orientales & de pierreries précieuses enchassées en or. On y voit une Agathe sur laquelle est en demi-relief le Portrait de l'Empereur Cesar Auguste. Cet ouvrage vient de l'Abbé & des Religieux en 1606.

Une grande Croix d'or, enrichie de Grenats & Saphirs, dans laquelle il y a une verge du Gril sur lequel fut rôti saint Laurent. C'est un présent de Charles le Chauve, augmenté d'un pied & d'un bâton de vermeil, achetés par les Religieux.

Un Reliquaire d'argent doré, au haut duquel se voit un Doigt en chair & en os de l'Apôtre saint Barthelemy, enchassé dans un Cristal garni d'or.

Un Reliquaire d'argent doré, dans lequel paroît l'os d'une Epaule de saint Jean Baptiste, envoyé par l'Empereur Heracle à Dagobert.

Une Croix d'argent doré, dans laquelle il y a du bois de la vraye Croix, donnée par Jerôme de Chambellan, Prieur de S. Denys en 1606.

Une Image d'argent doré de S. Nicolas, au pied de laquelle il y a des Reliques du Saint. Guy de Monceau Abbé, l'a donnée en 1385.

Un œil de S. Leger Evêque d'Autun, porté par une Image d'argent qui represente ce Saint.

Une plaque d'argent doré, sur laquelle sont

appliquées deux Hermines d'or émaillé, soûtenant une devise, au milieu de laquelle se voit dans un Châton d'or une fort belle Hyacinthe Orientale, donnée par Anne de Bretagne, Reine de France.

Une Image d'argent doré de S. Denys, donnée en 1360. par Marguerite de France, Comtesse de Flandres.

Une Image d'argent doré de Ste Catherine, au bas de laquelle il y a de ses Reliques, donnée par Guy de Monceaux, Abbé en 1385.

Une belle Chasse d'argent faite en forme d'Eglise, contenant plusieurs Reliques & ossemens des SS. Apôtres S. Pierre, S. Paul, &c. qui porte au Frontispice les Armes de l'Abbaye, & du Cardinal Jean de Villiers, Abbé de S. Denys.

Un grand bassin & aiguiere d'argent doré, achetez par les Religieux.

Le Sceptre de Dagobert, d'or émaillé.

Un Aigle d'or enrichi d'un riche Saphir, & autres pierres, qui servoit d'agraphe au Manteau Royal du Roy Dagobert.

Un Reliquaire d'argent doré, dans lequel, selon l'Inscription, il y a des Reliques du Prophete Isaïe.

Un autre Reliquaire de même façon que le précedent, où il y a un Os de S. Pantaleon Martyr.

Un petit Reliquaire de Cristal, dans lequel il y a des cheveux & vêtemens de Ste Marguerite.

Les Couronnes du Sacre de Louis XIII. dont l'une est d'or, & l'autre d'argent doré.

Une Couronne d'argent doré, qui a servi à la pompe funebre de la Reine Anne d'Autriche.

Deux petits Vases appellez *Burettes de Suger.*

Une Image de Nôtre-Dame, faite d'yvoire, couronnée d'or, enrichie de pierres précieuses.

Un Manuscrit d'environ neuf cens ans, qui contient les quatre Evangiles, écrits en lettres d'or & d'argent sur du vélin pourpré.

Un Missel écrit à la main il y a sept à huit cens ans, la couverture est enrichie de lames d'or, figure d'yvoire & pierres précieuses.

Dans la troisiéme Armoire.

LE Chef de saint Denys, enchassé dans un Reliquaire d'or, dont la Mître est toute couverte de trés fines pierres & Perles d'Orient, porté par deux grands Anges d'argent doré, avec un troisiéme tenant un petit Reliquaire d'or, enrichi de pierreries, dans lequel est un Os de l'Epaule du même Saint. C'est un présent de Matthieu de Vendôme, Abbé Regulier.

Le Calice & les Burettes de saint Denys.

Sa Crosse qui n'étoit que de bois, est couverte d'or & de pierreries.

Son Anneau Pontifical, ayant au milieu un beau Saphir, accompagné d'autres Anneaux d'Abbez.

L'agraphe de sa Chappe.

Son Bâton de voyages, il est de bois, qui depuis a été couvert d'argent, orné de cristaux.

La main droite de S. Thomas Apôtre, richement enchassée en or avec Diamans, gros Rubis & grosses Perles, donnée par Jean Duc de Berry, en 1394.

Un beau Reliquaire d'argent doré, avec un cristal, à travers lequel se voit toute la machoire inferieure de saint Louis, donné par Gilles de

Pontoise, Abbé de Saint Denys, qui est representé sur le soûbassement, tenant un autre Reliquaire où il y a un Os de S. Louis.

L'agraphe du Manteau Royal de saint Louis, d'argent doré & émaillé, enrichie de pierreries.

Un petit Reliquaire d'argent doré, dans lequel il y a un Os de saint Denys que S. Louis portoit dans ses voyages.

La Main de Justice de saint Louis.

Un grand Cristal de roche, où est gravé un Crucifix, avec les Images de la sainte Vierge & de S. Jean, au haut duquel il y a des vêtemens Royaux de S. Louis. Ce Cristal est dans une enchassûre d'or, ornée de pierres précieuses.

Une Tasse de bois de Tamaris, dans laquelle saint Louis bûvoit, pour se preserver du mal de ratte.

L'Anneau du même S. Louis; il est d'or garni d'un Saphir, sur lequel est gravé son Image.

Une épée que S. Louis rapporta de son premier voyage de la Terre Sainte.

La Couronne du même S. Louis d'or massif, enrichie de trés grosses Pierres, entr'autres d'un Rubis, dans lequel S. Louis a fait enchasser une Epine de la Couronne de Nôtre-Seigneur.

Les deux Couronnes du Sacre de Louis XIV. l'une est d'or, & l'autre d'argent doré.

Une autre Couronne de vermeil qui a servi à ses funerailles.

Une autre d'argent doré qui a servi aux pompes funébres de la Reine son Epouse.

Une de Monseigneur le Dauphin son fils.

Une autre de Madame la Dauphine son Epouse.

Le Calice de Suger Abbé de Saint Denis, dont la Coupe est d'une trés-belle Agathe Orientale, garni par le haut d'argent doré, avec pierreries. Le pied est aussi d'argent doré.

La Patene du même Calice est nommée *Serpentine*, avec une bordure d'or, ornée d'Emeraudes, Amethistes, &c.

Une Agathe sur laquelle est representée une Reine : la bordure est de vermeil, travaillée en filagrame, & chargée de pierreries.

Une Phiole d'Onix fort estimée.

Une Gondole d'Agathe onix.

Un Livre de vélin couvert d'argent, avec pierreries & figures d'yvoire, contenant les œuvres de S. Denys, commentées par S. Maxime. Ce Livre fut envoyé par Manuel Paleologue, Empereur d'Orient en 1408.

Dans la quatriéme Armoire.

UN Buste de vermeil doré orné de pierreries & de Medailles d'Agathe, travaillées en portraits, donné par Jean Duc de Berry en 1401. dans lequel est une partie du Chef de saint Benoît, & un Ossement de son bras : sur le collet de la figure est une Medaille d'Agathe qui represente l'Empereur Domitien.

Une Agathe qui represente l'Empereur Probus.

Une Amethiste enchassée en or, sur laquelle est gravée une figure d'Apollon.

Une grande Croix d'or massif, entourée de Perles Orientales, enrichie de Saphirs, Emeraudes, & d'une grande Amethiste d'Orient au milieu. Elle a appartenu à Charlemagne, & a été donnée par Charles le Chauve.

Deux Agathes representant deux têtes, l'une

de Cesar-Auguste ; l'autre d'un enfant qu'on croit être Annius-Verus, fils de l'Empereur Marc Aurelle.

L'Oratoire de Charlemagne qui est d'or, enrichie de Saphirs, Emeraudes, Aigues marines & Perles Orientales. Dans la partie inferieure de cet Oratoire, on voit trois bras de trois Martyrs, saint George, saint Theodore & saint Apollinaire. Dans la partie superieure est une Aigue marine, qui represente Julie, fille de l'Empereur Tite.

Un grand Bocal de Cristal de roche, avec son anse de la même piece, dont les figures qui sont gravées dessus font connoître l'antiquité, & particulierement une inscription en caracteres anciens, que l'on tient être de l'Arabe.

Une espece de Sous-coupe d'or, ornée de cristaux de differentes couleurs ; sur celui du milieu on y voit un Roy assis sur son Trône.

La Couronne de l'Empereur Charlemagne qui est d'or, enrichie de gros Rubis, Saphirs & Emeraudes. Elle se porte à Reims pour servir aux Sacres de nos Rois, avec les autres ornemens Royaux, sçavoir le Sceptre, la Main de Justice, & les Eperons de Charlemagne, son épée dont la poignée & la garde sont d'or, & le haut du foureau enrichi de pierreries ; avec une agraphe de Manteau Royal, qui est une grosse Fleur de Lys d'or, enrichie de Rubis & de Diamans, avec un tour de belles Perles Orientales, & le Livre contenant les ceremonies & prieres du Sacre.

La Couronne de Jeanne d'Evreux, Reine de France, femme de Charles IV. Elle est d'or, enrichie de Rubis & de Saphirs, avec plusieurs

Perles, & sert au Couronnement des Reines, qui se fait dans l'Eglise de Saint Denys.

Un beau Vase de Porphire orné d'une tête d'Aigle, & de deux aîles d'argent doré.

Un autre Vase de Cristal de roche, donné par Suger, avec la piece precedente.

Un Calice avec la Patene d'argent doré & émaillé, donné par Charles V. Roy de France.

Une grande Gondole de Chrysolite, ou de Jadde, enchassée en or, donnée par Suger, qui la racheta soixante marcs d'argent. Elle avoit appartenu au Roy Louis VII. qui l'avoit engagée pour les besoins de l'Etat.

Un Livre Manuscrit contenant les Epîtres & les Evangiles; il est couvert d'or, Pierreries & grosses Perles.

Un autre grand Vase d'Agathe avec son pied, anse & couvercle d'argent doré, donné par Suger.

Un trés-beau Vase d'Agathe Orientale, qui est la plus précieuse piece du Trésor, à cause de sa grandeur, son antiquité & son ouvrage: on tient que ç'a été Ptolomée-Philadelphe qui l'a fait faire il y a prés de deux mille ans, pour des Bacchanales qui sont representées dessus en relief avec tant d'artifice, que l'on croit que c'est un ouvrage de trente années. Charles III. Roy de France l'a donné.

Un Calice & Patene de vermeil doré, d'une grandeur extraordinaire, & d'une trés-belle cizelure, servant à la Communion sous les deux especes, achetez par les Religieux.

Une Couronne d'argent doré, qui a servi aux obseques de Henriette-Marie, Reine d'Angleterre, fille du Roy de France Henry IV.

Une autre aux funerailles de Monseigneur le Dauphin, ci-devant Duc de Bourgogne.

Une autre à celles de Madame la Dauphine son épouse.

Dans la cinquiéme Armoire.

UNe ancienne Chasse dans laquelle est le Corps de saint Denys de Corinthe, donnée par le Pape Innocent III.

Un Buste d'argent doré de S. Pierre l'Exorciste, où est renfermé son Chef,

Une petite Chasse de S. Pelerin Martyr.

Deux petits Coffres d'yvoire où sont plusieurs saintes Reliques.

Une Chasse de cuivre doré & émaillé, dans laquelle est le Pallium du Pape Etienne III.

Deux Couronnes qui ont servi aux funerailles de M. le Duc d'Orleans, & de Mademoiselle de Montpensier.

Dans la sixiéme Armoire.

UNe belle Chasse d'argent doré, enrichie d'Emaux & Pierres précieuses, dans laquelle est le Corps de S. Louis Roy de France.

Deux Couronnes qui ont servi aux funerailles de M. & de Madame la Duchesse de Berry.

Dans la septiéme Armoire.

LEs habits Royaux qui ont servi au Sacre du Roy, & qui doivent être representez au Sacre de son Successeur. On y voit le Manteau Royal du Roy Louis XIV. avec sa Dalmatique, sa Tunique & ses Bottines. Outre la Couronne & autres pieces marquées ci-dessus, on y met aussi les pieces qui ont servi à ses funerailles, qui sont le grand Manteau Royal de velours violet, chargé de Fleurs de Lys d'or, sa Cotte d'Armes de même, le Manteau de même, de son Heaume timbré, avec la Banniere de France de velours bleu chargée de Fleurs de Lys, & le Fanon blanc couvert de Fleurs de Lys, qui tient lieu d'Oriflâme ou Banniere de Saint Denys.

Plus on y voit les Pistolets de Louis XIV. que la Ville d'Aix la Chapelle lui presenta à son retour de Hollande, donnez au Trésor par M. Antoine, Porte Arquebuse ordinaire de Sa Majesté.

Une Corne de Licorne qui a six pieds & demi de long.

Un ongle (dit-on) de Griffon d'une grandeur prodigieuse, qui fut envoyé avec la piece précedente à Charlemagne en 807. par Aaron Roy de Perse, & depuis données à Saint Denys par Charles le Chauve.

Deux Dents de Cheval marin, envoyées à S. Denys par David Roy d'Ecosse.

Un Jeu d'Echets d'yvoire, de Charlemagne.

Un Cor de Chasse de Rolland le Furieux, Neveu de Charlemagne.

L'Epée de Turpin, qui de Moine de S. Denys ayant été fait Archevêque de Reims, porta depuis les armes avec son Oncle Charlemagne contre les Infideles.

L'Epée de Jeanne d'Arc, Pucelle d'Orleans, & son Portrait.

Au dessus de cette Armoire est une Chaire de cuivre doré, qui a servi de Trône aux Rois de la premiere Race, de laquelle étoit Dagobert.

Dans la huitiéme Armoire.

On y voit un Soleil d'un fort beau travail, enrichi de pierreries.

FIN.

BIBLIOTHÈQUE ROYALE

www.ingramcontent.com/pod-product-compliance
Ingram Content Group UK Ltd.
Pitfield, Milton Keynes, MK11 3LW, UK
UKHW021020220726
13924UKWH00001B/82